봉쮼TV, 가짜 뉴스를 조심해!

글 윤선아

고려대학교에서 국어국문학을 공부하고, 국어교육과 박사 과정을 수료했습니다. 그 동안 국어사전과 백과사전, 국어 교재 등을 기획, 편집했습니다.《검은 칠판의 비밀》로 제7회 웅진주니어 문학상 단편 부문 우수상을 받으며 작가가 되었고, 작품으로는 창작 동화《무적의 ㄱㄴㄷ 삼총사》《많다의 반대가 뭐야?》《매미의 집중》등이 있습니다.

그림 국민지

전라북도 전주에서 태어났습니다. 주변을 관찰하며 그리는 것을 좋아합니다. 항상 공감을 얻는 그림을 그리길 바라며 하루하루 즐겁게 일하고 있습니다. 그린 책으로는《햇빛마을 아파트 동물원》《담임 선생님은 AI》《열세 살의 덩크 슛》《강남 사장님》등이 있습니다.

| 이 책에 대한 설명 |

우리들은 여러 가지 매체를 접하며 살아가요. 신문, 텔레비전, 컴퓨터 인터넷, 스마트폰 앱 등 다양한 매체가 세상의 모습과 사람들의 생각을 알려주고 이어 주지요. 그런데 이러한 매체를 볼 때에는 거짓을 가려 내고 차이를 알아차리는 비판적인 생각이 필요해요. 여러 가지 매체 즉, 미디어를 비판적으로 보는 힘 또는 그러한 방법을 '미디어 리터러시'라고 하지요.

이 책에 나오는 유생강 선생님은 항상 "너의 생각은 뭐니?" 하고 물어요. 크리에이터를 꿈꾸는 봉준희와 양유미가 직접 동영상 콘텐츠를 만들고 가짜 뉴스에 휘말리는 이야기를 통해 매체의 특성과 수많은 매체 속에서 가짜 뉴스를 가려 내는 방법 등을 알아보아요. 이 책을 읽은 어린이들은 매체를 자신의 눈으로 바라보고, 자신만의 콘텐츠를 만드는 계획을 짜 볼 수 있을 거예요.

스콜라
꼬마지식인 29

봉쭌TV, 가짜 뉴스를 조심해!

윤선아 글 | 국민지 그림

위즈덤하우스

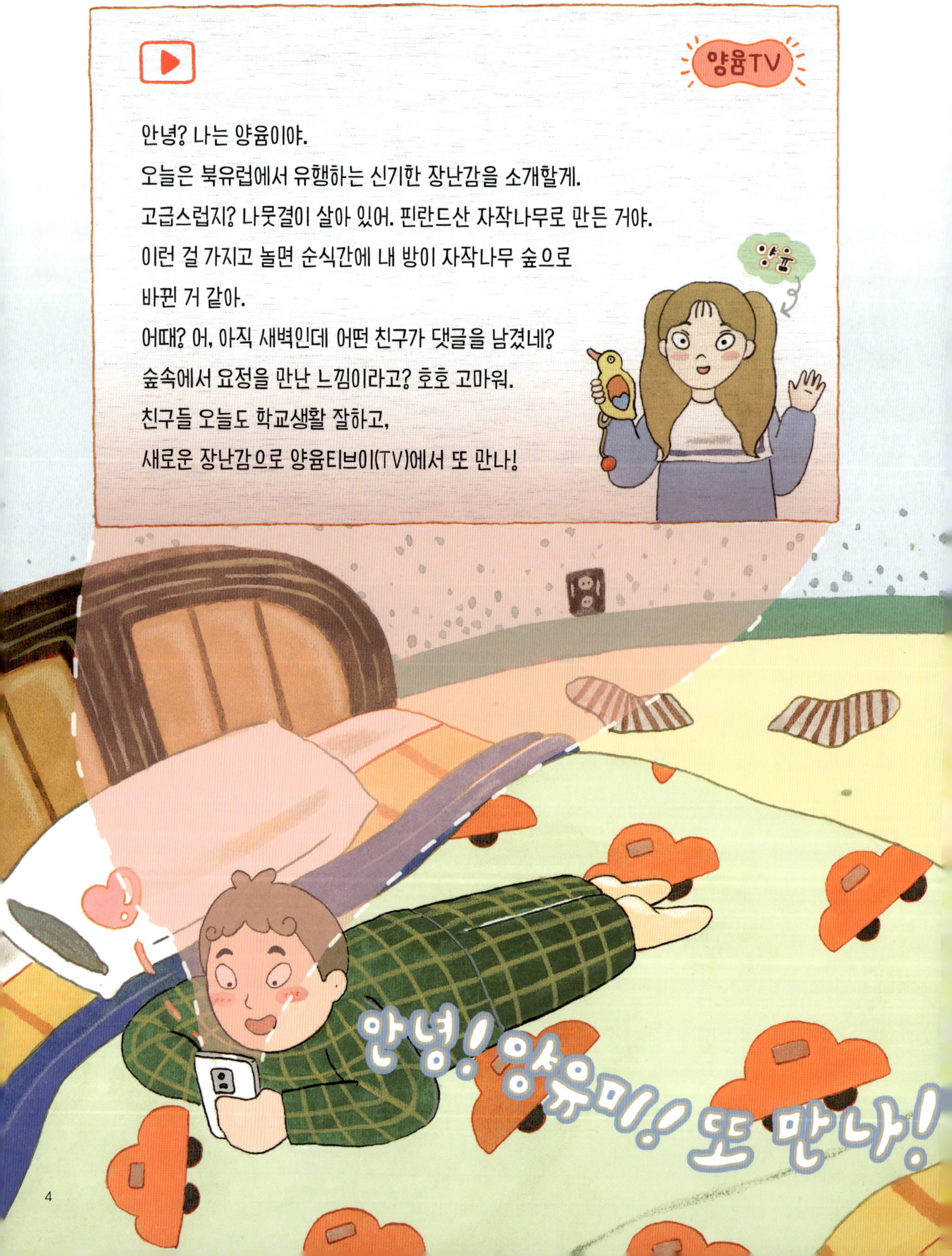

안녕? 나는 양윰이야.
오늘은 북유럽에서 유행하는 신기한 장난감을 소개할게.
고급스럽지? 나뭇결이 살아 있어. 핀란드산 자작나무로 만든 거야.
이런 걸 가지고 놀면 순식간에 내 방이 자작나무 숲으로
바뀐 거 같아.
어때? 어, 아직 새벽인데 어떤 친구가 댓글을 남겼네?
숲속에서 요정을 만난 느낌이라고? 호호 고마워.
친구들 오늘도 학교생활 잘하고,
새로운 장난감으로 양윰티브이(TV)에서 또 만나!

안녕! 양유미! 또 만나!

준희는 검지로 '좋아요'를 꾹 눌렀어요.
그저 아이콘을 누른 것뿐인데 준희 얼굴이 복숭아처럼
발그레해졌어요.
네, 봉준희는 양윰티브이 브이제이(VJ) 양유미를
좋아하고 있었어요.
'유미는 정말 멋져! 초등학생 크리에이터인데다 말도 잘하고.'
방문이 빼꼼 열리고 삼촌이 얼굴을 내밀었어요.
"봉쭌, 너 아침 안 먹으면 내가 먹어도 되지?"
아이쿠! 아빠 엄마 누나는 벌써 일터와 학교로 가고,
집에는 백수 삼촌 봉태평 씨뿐이네요.
준희는 삼촌과 후다닥 아침을 먹고 학교에 갔어요.

네모 초등학교 2학년 3반 교실.

준희가 좋아하는 양유미는 많은 친구들에게 둘러싸여 있었어요.

'역시나……. 유미는 인기가 많구나.'

준희는 유미에게 다가가서 인사를 건넸어요.

"유미야, 안녕? 오늘 올린 방송 잘 봤어."

"어, 봉식아, 안녕? 고마워."

"내 이름은 봉준희인데?"

"그래? 어, 미안. 왕민아, 오늘 체육 시간에도 한 골 넣을 거지?"

유미는 왕민이의 골 세레모니를 기대하고 있었어요. 왕민이가 골을 넣으면, 체육복 윗도리의 주머니에서 손가락 하트를 꺼내서 유미 쪽으로 후 하고 날려 주었거든요. 친구들의 시선이 손왕민과 양유미에게 쏠렸어요.
'아, 나도 초등학생 크리에이터가 되고 싶다. 양유미처럼.'

유미, 파이팅!

내가 크리에이터가 되면 유미가 적어도 내 이름은 제대로 기억해 주지 않을까?

크리에이터

유튜브 같은 동영상 공유 사이트나 앱에서 영상을 만들어 올리는 개인 창작자들을 '크리에이터(creator)'라고 불러요. 재미있는 콘텐츠를 올려서 구독자와 조회 수가 많을수록 돈을 많이 벌 수 있어요. 과거에는 커다란 방송국에서 여러 스태프와 작가, 출연자, 피디 등이 방송을 만들었는데, 웹캠, 스마트폰, 동영상 사이트 등 기술이 발전해서 가능해졌어요.

집에 온 봉준희는 저녁 식사 시간에 가족들에게 선언했어요.
"엄마! 아빠! 저 1인 크리에이터가 될 거예요. 지원 부탁드립니다."
"1인? 네가 왜 1인이야? 우리 가족은 여섯 명인데?"
"크리…… 뭐?"
"어떻게 배울까요? 1인 크리에이터가 되는 법 배우는 학원은 없나?"
"그런 학원이 어딨니? 동영상 공유 사이트 보면 다 나와."
누나가 비웃었어요.

준희는 방에 들어와서 인터넷으로 '동영상 채널 1인 방송과 1인 크리에이터'에 대해 검색해 보았어요.
'아…… 어려워 보인다. 에이, 우선은 구경부터 하자!
1인 크리에이터라면 인기 만화가 안도르샘이 최고지.
유미도 존경한댔잖아.'
준희는 안도르샘 동영상을 보다가 문득 좋은 생각이 떠올랐어요.
안도르샘에게 편지를 보내는 것이었지요.

'아이코! 깜박 잠이 들었네?'
잠에서 깨어 컴퓨터를 본 준희는 깜짝 놀랐어요.
안도르샘한테 답장이 왔거든요.
"안녕? 준희 학생. 1인 크리에이터가 되려면 어떻게 해야 하냐고요?"
안도르샘의 영상 편지를 보고 난 준희는 용돈 지갑을 열어 보았어요.
천 원짜리 한 개, 백 원짜리 두 개가 있네요.
'어린이가 돈이 어디 있어? 하, 어쩌지?
아, 그래! 삼촌에게 도와달라고 하면 되겠다!'

준희는 헐레벌떡 할머니 방으로 갔어요.
"삼촌! 나 돈 좀!"
"얼마?"
"글쎄…… 한, 오만 원?"
"으응? 조금만 기다려 봐. 그 대신 방 청소 좀!"
준희는 삼촌 부탁대로 방을 치운 다음,
간식을 챙겨서 방으로 다시 가 봤지요.
"준희야, 할머니는 아무도 못 이기겠다!"
준희는 실망해서 한숨을 쉬었어요.

핸드폰 좀 줘 봐.
혹시 보이스피싱이니?
아니군. 그렇다면……

아유, 제가 또 졌네요.

보이스피싱
휴대폰으로 개인 정보를 알아내서 범죄에 이용하는 사기 수법이에요. 중요한 정보인 듯 인터넷 주소를 보내거나 가까운 사람인 척 문자 메시지를 보내고, 그걸 클릭하면 신용카드 정보나 개인 정보를 알아내서 범죄에 이용해요. 모르는 사람에게서 온 전화나 문자 메시지는 꼭 부모님과 상의해야 해요.

봉태평 삼촌이 실망한 준희 어깨를 잡았어요.
"1인 방송을 하려고? 그렇다면 꼭 돈이 많아야 되는 건 아니야."
삼촌은 준희에게 동영상 하나를 보여 주었어요.
"어! 삼촌, 이게 뭐야?"
삼촌이 준희에게 외쳤어요.
"도전! 1인 크리에이터! 준희야, 우리 집안 가훈이 뭐지?"
"⋯⋯?"
"못 벌면 아껴라!"

 **주변의 물건으로 1인 방송 도구 만들기**

1. 스튜디오 대신 우리 집 공간을 활용해요.
2. 동영상 카메라나 웹캠 대신 스마트폰 동영상 애플리케이션을 써요.
3. 마이크 필터 대신 스타킹이나 손수건을 옷걸이에 끼워서 잡음을 지워요.
4. 카메라 거치대 대신 두꺼운 종이나 종이컵으로 스마트폰 거치대를 만들어요.

안녕하세요? 저럼이 크리에이터, 콧수염 아저씨예요.

스타킹으로 마이크 필터를 만들 수 있어요.
▼
스마트폰의 마이크 부분에 스펀지를 대는 것도 간단한 방법이에요.
▼
종이컵이나 두꺼운 도화지로 스마트폰 거치대를 만들 수 있어요.

이튿날 준희는 학교에 가서도 1인 방송을 만들 생각뿐이었어요.
교실 문이 열리고 백발의 단발머리 담임이신
유생강 선생님이 들어왔어요.
머그잔을 들고 온 유생강 선생님은 작은 눈으로
말없이 아이들을 째려보다가, 날카로운 눈빛으로 물었어요.
"이게 뭔가요?"
"컵이요!"
아이들은 키득키득 웃으며 대답했어요.
유생강 선생님은 엄하게 선언했어요.
"아닙니다. 이건 원입니다. 동그라미!"
그때 권리신이 손을 들고 말했어요.
"유생강 선생님, 그건 보기에 따라 다른 거잖아요?"
그러자 유생강 선생님이 크게 손뼉을 마주치며 소리쳤어요.
"맞습니다! 오늘은 보는 방법에 대해 배울 겁니다."
아이들은 고개를 갸웃거리며 수군수군했어요.

"보는 방법?
그런 걸 알아야 해?"

"다들
눈 있잖아?"

유생강 선생님이 계속해서 아이들에게 물음을 던졌어요.
"우리는 평소에 무엇을 보나요? 뉴스는 어디서 나오지요?"
"신문이요!"
"텔레비전이요!"
"컴퓨터로 인터넷 들어가요!"
"요샌 스마트폰으로 다 봐요!"
아이들이 대답하자, 유생강 선생님이 손가락 네 개를 폈어요.
"이 네 가지 말고도 소식이나 정보를 알 수 있는 곳이 훨씬 많지요. 거리에 세워진 광고판, 전단지, 라디오 등등."
"네……."
"그러니까 중요한 건 내 눈, 내 관점, 내 생각으로 보는 겁니다."

📶 다양한 우리 주변의 매체

신문, 라디오, 텔레비전, 영화, 광고, 책, 인터넷, 메신저 앱, 유튜브 같은 동영상 공유 서비스, 사회 관계망 서비스 등 우리 주변에 새 소식을 알려 주고 사람들의 생각을 전하는 것들이 많지요? 이런 것들을 '사람들의 생각을 전해 주는 물건'이라는 뜻으로 '매체' 또는 '미디어'라고 하지요.
학교에서 부모님께 보내는 안내문은 종이로도 보내지지만, 인터넷이나 스마트폰으로도 전달되어요. 이렇게 우리 주변에 매체들이 디지털로 변하면서 점점 더 다양한 매체들이 세상에 나오고 있어요.

유생강 선생님은 '생각'이라는 말을 안 하신 날이 한 번도 없었어요.
유생강 선생님은 다시 머그잔을 들고 말했어요.
"여러분은 이게 컵인 걸 어떻게 알죠?
내 눈에는 동그라미밖에 안 보이는데…….
자신의 눈에 이게 컵으로 제대로 보이게 몸을 움직여 보세요."
축구왕 손왕민이 제일 먼저 달려나가서 선생님 바로 옆에 섰어요.
"선생님 바로 옆에 있으면 가장 가까이 볼 수 있죠."
그러자 권리신이 책상 위로 올라섰어요.
"위에서 보면 다 보여요. 선생님!"
아이들은 저마다 각자 머그잔이 잘 보이게 움직였어요.
유생강 선생님은 심각한 표정으로 고개를 끄덕였어요.
"이 느낌을 기억하세요!"

"잘 보세요. 여러분은 지금부터 기자입니다. 앞으로 벌어질
일에 대한 기사를 쓰는 것이 오늘 수업입니다."
유생강 선생님과 눈이 마주치자, 준희는 왠지 으스스해졌어요.
그런데 그 때, 선생님이 갑자기 손가락을 쫙 폈어요.
쨍그랑! 머그잔이 교실 바닥으로 떨어졌어요.
다행히 머그잔은 깨지지 않았지만,
아이들은 놀라서 선생님을 바라보았어요.
유생강 선생님이 뒤돌아서서 칠판에 '육하원칙'을 하나씩 쓰자,
아이들은 하나씩 따라 읽었어요.

- 육하원칙 -

누가! 언제! 어디서! 무엇을! 어떻게! 왜!

준희가 방금 있었던 일을 공책에 쓰자,
유생강 선생님과 눈이 딱 마주쳤어요.
"준희, 네 생각은 뭔가요?"
"약간 뭐랄까, 암튼 재미있었어요. 히히."
"유미, 네 생각은 뭔가요?"
"갑작스러웠지만, 다친 친구도 없고 부서진 것도 없으니까
다행이라고 생각합니다."
준희는 유미의 뒷모습을 보며 새삼 생각했어요.
'역시 유미는 멋져! 학교에서도
방송에서도 말을 참 잘해.'

봉춘희 공책

방금 생강 샘이 컵을
떨어뜨렸다.
　　　　　-봉춘희 기자.

양유미 공책

△월 ○일, 네모 초등학교 2학년 3반 교실에서 1교시 국어 시간에 유생강 선생님이 보는 방법을 알려주시려고 컵을 여러 각도에서 보게 하셨다. 그리고 뉴스 쓰기를 알려주려고 컵을 떨어뜨리셨다. 컵은 플라스틱이어서 깨지지 않았고, 다친 아이들도 없었다. 다행이었다.
　　　　　- 양유미 기자.

"기사에는 사실과 의견이 있어요. 사실은 육하원칙에 입각해서 쓰고, 거기에 유미처럼 기자의 해석이나 의견을 덧붙일 수 있어요."

"기사문에 나타난 기자의 의견을 파악하는 것도 중요합니다. 그건 사실이 아니라 기자의 생각일 뿐이니까요!"

집에 오는 길에, 준희는 볼펜을 입에 물고 발성 연습을 했어요.
"아, 아, 또박또박 멋지게 말해야지. 나는 목소리가 좋으니까!"
'오호! 카메라 테스트 좀 해 볼까?'
준희가 휴대폰으로 놀이터를 찍으려 하자
네모 유치원 바다반 맏언니 희진이가 와서 물었어요.
"오빠, 뭐해?"
"오빤 1인 크리에이터거든. 지금 카메라 테스트 중이야."
"뭐어? 이 오빠 정말 초상권 개념이 없네.
우리 얼굴 함부로 찍음 안 돼."
"초상권? 그건 몰랐는데……. 그럼 어떻게 해야 해?"

📶 초상권

자신의 얼굴이나 모습이 허가 없이 촬영되거나 여러 사람 앞에 드러나지 않을 권리예요.
자신도 모르는 사이에 내 모습이 인터넷이나 뉴스에 나오면 무척 당황스럽겠지요?

▶ 불법 촬영에 대한 법에 대해 알아보아요.

찍히는 사람의 허락 없이 그 사람을 촬영하는 것은 법으로 금지되어 있어요. 몰래카메라 또는 불법 촬영이라고 하지요. 특히 성적 수치심을 유발할 수 있는 촬영은 '성폭력 범죄 처벌에 의한 특별법'에서 7년 이하의 징역 또는 5천만 원 이하의 벌금에 처해지도록 정하고 있어요.

▶ 촬영 허락을 구해야만 하는 곳이 있어요.

시청, 주민 센터, 광장, 공원 등의 공공 장소나 상점, 음식점 등에서도 미리 허락을 구해야 해요.

▶ 촬영이 금지된 장소가 있어요.

군부대, 군사 훈련장, 통제 구역 등 국가 보안 시설의 촬영은 법으로 금지되어 만약 촬영을 하면 처벌을 받아요.

볼펜을 물고 발성 연습을 하면서 집에 온 준희는 삼촌을 불렀어요.
"봉트풍 씨! 슴촌! 쁠리 흐즈.(봉태평 씨! 삼촌! 빨리 하자.)"
방문을 열자, 삼촌이 짜잔 하고 준희를 맞이했어요.
"자, 여기가 바로 봉쭌티브이 스튜디오다.
그런데 무슨 방송을 할 거니?"
"아, 대본을 써야지."

준희야, 대본은 참고만!
너 자신을 믿고 쭉 풀어 보는 거야.
'음' 이런 거 하지 말고. 시선 카메라 보고.
했던 말 또 반복하지 말고.

📶 대본 쓰기

방송을 할 때 조리 있게 말하려면 대략적인 대본을 써 놓는 것이 좋아요.
대본에는 내가 만들 방송을 계획하고, 대사를 쓸 때는 기사문의 육하원칙을 이용해서 써요.

제 목	봉태평의 과자 맛보기		시간	#월 #일 △시 ○분
장 소	준희 방		출연자	봉태평
준비물	스마트폰, 쟁반, 바삭퐁 한 봉지			
	장면 번호	할 일		대사
시 작	# 1	예) 새로 나온 과자 바삭퐁을 먹는다.		"1분 뒤에 바로 여기서 제가 한번 바삭퐁을 먹어 보고, 어떤 맛인지 자세히 말씀드리겠습니다."
중 간				
끝				

저녁이 되자, 엄마가 삼촌과 준희가 같이 쓰는 방문을 열어보고는 깜짝 놀랐어요.
"엄마, 저희 지금 좀 바빠요!"
준희와 삼촌은 방음이 잘 되는 이불 속에서 지금 녹음 중이었어요.
"안녕? 친구들. 봉쭌티브이야. 내가 어릴 때 갖고 놀던 장난감을 소개할게. 이건 아빠가 사다 주신 건데 길쭉한 펭귄 모양 막대기이고, 툭 치면 삑 소리가 나. 가끔 심심할 때 좋아. 어, 음, 그리고 이건 내가 접은 딱지야. 이건 완전 강해. 마분지와 신문지 세 겹을 딱풀로 붙였어. 삼촌이랑 대결해도 내가 이겨."
준희는 딱지를 딱 하고 바닥에 내리쳤어요.

📶 **녹음하기**

❶ **방음이 잘 되는 공간** : 바깥보다는 실내, 사방이 막힌 방이 좋아요.
❷ **마이크** : 마이크에 스타킹 같은 망이나 스펀지를 대면 주변의 다른 소음을 없앨 수 있어요.
❸ **음악과 효과음** : 무료로 쓸 수 있는 효과음과 음악을 찾아서 써요. 실로폰이나 휘파람, 손뼉 등 나만의 음악과 효과음을 만드는 것도 재미있겠지요?

배경 음악은 삼촌과 준희가 둘 다 좋아하는 만화 주제곡으로 하고.
자막은 준희가 삼촌 컴퓨터에서 직접 써 넣었어요.
삼촌은 오랫동안 곰돌이처럼 넓은 등짝을 보이고 편집을 했어요.
준희는 그동안 뚝딱 학교 숙제를 끝냈지요.
"삼촌! 편집 끝났어?"
"그럼. 삼촌이 이런 건 좀 하지."
준희는 편집된 걸 확인하고
깜짝 놀랐어요. 세상에나!
삼촌이 컴퓨터로
준희의 말의 중간을
뚝 잘라서 다른 말을
만들어 놓았어요.

*악마의 편집
방송 프로그램에서 어떤 의도를 가지고 실제 상황과 다르게 보이도록 편집하는 것을 흔히 이렇게 말해요. 동영상을 자르고 이어 붙여서 사실과 다르게 만들 수 있어요.

"준희야, 가서 엄마 좀 불러 와. 동영상 공유 사이트에 가입해야지. 우리 봉쭌이가 어리니까 부모님의 인증을 받아야 되거든. 형수니임!"
엄마는 준희와 삼촌이 만든 동영상을 보고 깜짝 놀랐어요.
"우아, 우리 준희가 하고 싶다더니 정말 이런 걸 만들었네?"
준희는 삼촌과 동영상 공유 채널 만들기 과정을 하나씩 같이 했어요.
"자, 이제 올라간다!"
봉쭌티브이의 첫 영상이 올라가자, 준희는 삼촌과 짝! 손바닥을 마주쳤어요.

잠자리에 들기 전에 준희는 봉쭌티브이의 조회 수를 확인해 보았어요.
동영상 밑에 작은 글자로 이렇게 쓰여 있었어요. '조회수 1'
그리고 엄지를 올린 그림 밑에도 1자가 찍혀 있었지요.
'하, 역사적인 날이다! 처음으로 동영상을 올렸어!'
시간은 새벽 1시를 지나고 있었어요.
준희는 가슴이 벅차서 잠이 오지 않았어요.
'그럼 자기 전에 유미 얼굴이나 한 번 더 볼까?'
준희는 양윰티브이에 들어가 보았어요.
'어? 새 동영상이 올라왔네?'

📶 조회 수

내가 만든 동영상을 몇 명이나 보았는지 조회 수를 보고 알 수 있어요. 조회 수가 많이 늘면 동영상 공유 사이트 회사와 저작자가 이익을 나눠 갖기 때문에 저작자가 돈을 벌 수 있지요. 그렇다고 조회 수만 올리려고 자극적인 동영상을 올리는 것은 동영상을 보는 사람들 사이의 문화를 더럽히는 일이니까 하면 안 돼요.

📶 댓글

동영상을 올리고 나면 사람들이 동영상 밑에 단 댓글을 볼 수 있지요? 그중엔 악플이 있을 수 있지만 고운 말을 하지 않은 사람이 잘못한 것이니 상처받을 필요 없어요. 채널을 운영하는 사람은 자신의 댓글에서 특정 단어를 차단하거나 칭찬하는 댓글을 고정하는 기능을 활용할 수도 있어요.

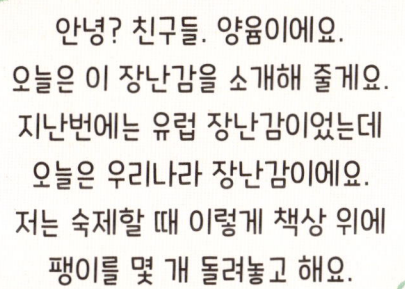

준희는 처음으로 영상을 업로드하고,
부푼 기대를 품고 학교에 갔어요.
제일 먼저 유미한테 알려주려고 했지요.
그런데 유미는 오늘 결석을 했네요?
준희는 유미에게 봉쮼티브이 얘기를 해 보지도 못하고 집에 왔어요.
그날 저녁, 준희는 엄마한테 엄청난 소식을 전해 들었어요.
"세상에나! 준희야. 유미 소식 들었어? 이게 웬일이니……."
아빠가 준희에게 말했어요.
"그, 너, 동영상 올리는 거 하지 마라."
준희가 시무룩해져서 물었지요.
"무슨 일인데 그러세요?"

험악한 사건이 얼마나 많은데,
이런 데 신경 쓰지 말고, 가서 공부해.

📶 **신문 - 매체 ❶**

유생강 선생님의 손가락 네 개 기억하나요? 신문, 텔레비전, 컴퓨터 인터넷, 스마트폰 앱! 첫 번째, 커다란 종이로 된 '신문'은 글 중심으로 소식을 전하기 때문에 정확하고 자세한 정보를 접할 수 있어요. 어려운 말이 나오면 부모님과 같이 어떤 일이 벌어진 것인지 이야기 나누어 보세요. 실제 일어난 사건을 육하원칙대로 파악해 보고, 기자나 신문사의 의견을 읽고 왜 그런 기사를 썼는지, 내 생각과 무엇이 다른지도 이야기해 보세요.

그날 밤 준희는 유미가 몹시 걱정되어 악몽을 꾸었어요.
이튿날 아침에 준희가 거실에 나오자, 아빠가 텔레비전을
황급히 꺼 버렸어요.
"준희가 모른다고 없는 일도 아니잖아요?"
엄마가 다시 텔레비전을 켰어요.
"난 준희가 걱정된다고!"
아빠와 준희는 손을 꼭 잡고 뉴스를 보았어요.
텔레비전 뉴스에는 또 다시 유미 사건이 나오고 있었어요.

> 📶 **텔레비전 - 매체 ❷**
>
> 유생강 선생님의 손가락 네 개 중 두 번째, 텔레비전!
> 텔레비전에는 여러 채널이 있고, 방송국에서는 뉴스, 드라마, 광고, 만화, 교육 방송 등 많은 프로그램을 제작해서 내보내요. 이 프로그램들은 방송국과 제작자가 기획 의도를 가지고 만들어요. 방송 프로그램을 보면서 누가 왜 이런 내용을 만들었는지 부모님과 이야기해 보세요.

학교에 간 준희는 유미가 온 것을 보고 안심했어요.
그런데 공부 시간에 경찰들이 유미 엄마와 함께 와서는 유미를 찾았어요.
유생강 선생님이 유미와 함께 교실 밖으로 나갔어요.
경찰 아저씨가 고개를 갸웃거리며 말했어요.
"유미 학생. 납치 맞아요? 시시티브이(CCTV) 기록에 유미 학생 집 대문이 열린 적이 전혀 없어요. 학생이 집 밖에 나간 기록도 없고요."
유미는 납치범들의 몽타주*를 확인하러 경찰서에 가느라 조퇴를 했어요.
준희는 고개를 푹 숙인 유미 얼굴에서 눈물이 떨어질까 봐 조마조마했어요.

*몽타주
여러 사람의 사진에서 얼굴의 각 부분을 따로 서 각 부분을 합쳐서 한 사람의 얼굴을 만든 사 이에요. 범죄 수사에서 목격자의 증언에 따라 의자의 수배 전단을 만들 때 써요.

다음날 준희는 삼촌이 컴퓨터를 보고 비명을 지르는 통에 잠을 깼어요.
"맙소사!"
삼촌이 보는 인터넷 뉴스 화면에는 이렇게 쓰여 있었어요.
"초등학생 크리에이터의 납치 자작극!"
"삼촌, 저게 무슨 소리야?"
삼촌이 인터넷 기사를 읽어 주었어요.

> "△월 ○일 새벽, 동영상을 올리고 잠든 초등학생 크리에이터 Y양은 늦잠을 자다 학교에 결석했다. 자영업에 종사하는 Y양의 부모가 뒤늦게 Y양을 발견하고 추궁하자, Y양은 납치를 당했다가 도망쳤다고 거짓말을 했다. 경찰에 실종 신고를 한 부모는 Y양의 말을 경찰에게 전했다."

교회언니: 맙세다! 맙세다! 초등학생이 무슨 크리에이터냐 가정 교육부터 해라!
동네사람007: 이래서 초등학생이 디지털 기기를 몰수해야 한다!
y30ch: 기자는 좀 알아보고 기사 써라! 거짓말 기사 안 본 눈 삽니다……
토이팡33: 장난감 회사 사장은 무슨 죄냐? 초등학생 부모는 사죄해라!

이런, 댓글이… 난리났네!

📶 컴퓨터 인터넷 - 매체 ❸

유생강 선생님의 손가락 네 개 중 세 번째!
컴퓨터로 들어가는 인터넷은 통신망을 통해 세상에서 벌어지는 모든 일을 온라인으로 할 수 있게 해 주어요. 인터넷으로 뉴스를 보고, 궁금한 것을 검색하고, 동영상을 보거나 물건을 사고팔 수도 있지요.

거실 소파에서는 수아 누나가 스마트폰을 보며 쯧쯧 혀를 찼어요.
"유미 웬일이니? 어린 애가 간도 크지!"
준희가 놀라서 누나의 휴대폰을 봤어요.
"누나, 이게 뭐야?"
"내가 즐겨 보는 에스엔에스(SNS)야. 유미 그렇게 안 봤는데!"
그때 엄마가 휴대폰을 들고 준희에게 뛰어왔어요.
"준희야! 유미가 장난감 회사 간부에게
협박을 받았다는 게 사실이니?"
엄마가 내민 휴대폰 기사에는
뿌옇게 뭉개진 유미 사진이 있었어요.

그뿐이 아니었어요.
아침 식탁에서 아빠가 보는 신문에는 이렇게 쓰여 있었어요.
"미성년자 크리에이터, 문제가 심각하다!"
준희 삼촌이 말했어요.
"그거 알아? 청와대 게시판에 미성년자의 동영상 사용 금지법을 만들라는 국민 청원이 올라왔어."
아빠가 신문을 넘기며 눈이 휘둥그레졌어요.
"오호? 대기업인 탑돌레이아와 블레이짱은 주식은 내려가고, 팽글이라는 작은 장난감 회사 주식이 올랐네?"

스마트폰 - 매체 ④

유생강 선생님의 손가락 네 개 중 네 번째! 스마트폰은 휴대하기 편리하기 때문에 언제 어디서나 통신망에 접속할 수 있어서 쉽고 빠르게 기사나 정보를 알 수 있어요. 하지만 화면이 작아 짧은 문구나 이미지로 몇 초 동안 정보를 접하기 때문에 내용을 깊이 이해하기보다는 '좋다', '나쁘다'는 느낌만 주기 쉬워요.

준희가 학교에 가 보니 친구들도
인터넷에 난 기사를 봤냐면서 수군거렸어요.
드르륵 교실 문이 열리고 유미가 들어왔어요.
준희는 유미에게 반갑게 인사했어요.
"유미야, 나도 사실 너처럼 1인 방송을 시작했어."
"그래. 봉식아, 내가 머리가 좀 아파서."
유미는 등교하자마자 책상에 얼굴을 묻고 엎드렸어요.
준희는 유미가 자신의 이름을 아직도 헷갈려도 상관없었어요.
어서 유미가 기운을 차리기를 바랐지요.
준희는 유미의 주황색 머리끈만 뚫어져라 바라보았어요.

그때 지혜찬이 준희의 옆구리를 꾹 찌르고
휴대폰을 보여 주었어요.
준희의 눈에 보인 큰 글자는
'은밀한'이었어요.

"초등학생 크리에이터와 장난감 회사의 은밀한 거래?"
혜찬이가 준희에게 귓속말을 했어요. 유미가 들을까 봐
그런 거였지요.
"내 친구 유미가 이런 짓을 했을 리는 없어."
준희는 혜찬이 말에 전적으로 동감이었어요.
준희는 기사를 위아래로, 좌우로 꼼꼼하게 살펴보았어요.
"이게 무슨 신문이지?"
기사 맨 아래에는 기자 이름이 없었어요.
'쓴 사람의 이름이 왜 없지?'
기사 맨 위에 쓰인 신문의 이름이 좀 이상했어요.
'이게 무슨 신문이지?'

유생강 선생님은 교실 맨 앞에 있는 책상에 앉아 있었어요.
아이들은 선생님께 가서 '대함신문'의 기사를 선생님께 보여 드렸어요.
유생강 선생님은 안경을 벗고 혜찬이의 휴대폰을
한참 들여다보았어요.
"선생님, 신문 이름이 이상해요."
"기사 내용도 이상해요. 이럴 리가 없잖아요!"
유생강 선생님이 심각하게 말했어요.
"이건, 가짜 뉴스입니다."
혜찬이는 급식에서 벌레를 발견한 것처럼 기분이 상했어요.
소미는 심장이 덜컥 내려앉아서 자리로 돌아갔어요.
준희는 부글부글 화가 났어요.
"도대체! 누가, 왜, 이런 짓을 한 거예요?"

가짜 뉴스인지 어떻게 알아요?

- 대함신문 -

202*년 △월 7시 5분

"초등학생 크리에이터와 장난감 회사의 은밀한 거래"

사진 출처 인터넷

최근 납치극을 벌였던 초등학생 크리에이터 Y양이 장난감 회사로부터 거액을 받고, 장난감 놀이 동영상을 올린 것이 어젯밤 9시 뉴스에서 밝혀졌다. 누리꾼들은 초등학생의 동영상 촬영에 대해 문제를 제기하고 있다……

- 가짜 뉴스 판별법 -

누가	뉴스를 만든 기관과 기자를 확인합니다.
언제	날짜와 자료 사진이나 동영상의 출처를 확인합니다.
어디서	처음 보도된 게 어디서부터 시작되었는지 확인합니다.
어떻게	다른 신문사나 방송국의 뉴스와 어떻게 다른지 비교합니다.
왜	이런 기사를 왜 썼을지, 이 기사가 알려졌을 때 이득을 보는 쪽과 손해를 보는 쪽을 생각해 봅니다.

흥! 누가 왜 이런 가짜 뉴스를 만드는 거예요?

가짜 뉴스를 사람들이 많이 보게 되면, 조회 수를 높여서 돈을 벌 수 있고, 가짜 뉴스를 퍼뜨려서 사람들의 생각을 바꿔서 이득을 볼 수 있어요. 만약 유미가 소개한 장난감 회사가 잘 되는 게 싫다거나 또는 초등학생이 1인 방송을 하는 걸 못마땅하게 여기는 이들이 있다면 가짜 뉴스로 흠집을 내려고 일을 꾸밀 수 있겠지요.

선생님, 그건 너무 나쁜 일 아니에요?

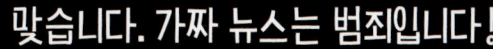

맞습니다. 가짜 뉴스는 범죄입니다!

쉬는 시간이 끝나고 선생님은 네모난 통을 하나 가지고 오셨어요.
아이들은 그게 뭘까 궁금해서 고개를 갸웃거렸어요.
"한 사람씩 통 속에 손을 넣고 하나만 뽑으세요."
유미가 먼저 두근거리는 마음으로 통 속에 든 것을 하나 꺼냈어요.
유미는 꺼낸 쪽지를 펴고 크게 읽었어요.
"텔레비전에 나온 건 사실이다."
유생강 선생님이 물었어요.
"양유미, 네 생각은 어떤가요?"
유미가 말했어요.
"모든 게 사실인 건 아니에요."

"여러분, 내 이름이 뭐지요?"
"유 자! 생 자! 강 자! 입니다."
유생강 선생님이 아이들에게 말했어요.
"유, 생각! 여러분이 뽑은 쪽지에 적힌 단어나 문장에 대해서
여러분의 생각을 준비해 오세요. 내일까지! 숙제입니다."
아이들은 두근거리는 마음으로 통 속에 손을 넣어
쪽지를 하나씩 꺼냈어요.
준희도 쪽지를 하나 뽑았어요.

집에 가는 길에 준희는 쪽지에 쓰인 글자를 보며 한숨을 쉬었어요.
"진짜 뉴스."
'나는 1인 크리에이터인데, 내 생각은 뭘까?'
"봉식아, 집에 안 가고 뭐 하니?"
앗! 터벅터벅 걸어가던 준희가 양유미와 마주쳤어요.
"어, 안녕? 난 봉쮼티브이의 봉준희야.
유미 너를 인터뷰해도 될까?"
"왜?"
"양윰티브이를 좋아하는 친구들에게
진짜 뉴스를 알려줘야 할 것 같아서."
"음……, 좋아! 내 생각도 같아."
두 친구는 두근거리는 가슴으로
숨을 크게 들이쉬었습니다.

봉쭌TV 의 진짜 뉴스!

• 부록

우리 주변의 매체

우리가 아는 매체의 종류는 다양하고, 점점 늘어나고 있어요.
대표적인 네 가지 매체의 좋은 점과 조심할 점을 생각해 보아요.

휴대폰 – 사회 관계망 서비스

온라인 동호회, 블로그 이웃, 메신저 앱 등 온라인에서 만나는 사람이 실제 아는 사람들보다 더 많아졌어요.

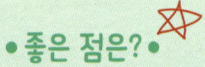 **좋은 점은?**

친구 관계를 넓히기가 쉬워요.

● **조심해요!**

❶ 직접 소통하지 않아, 오해할 수 있어요.

예) 왕민
> 체육 시간에 멋지게 싸웠어.(축구 시합)

철수
> 응? 너네 어제 옆 반이랑 싸웠어?

❷ 진정한 친구는 잘 안 보이고, 아는 사람만 많아서 피로할 수 있어요.

❸ 프로필에 내 정보가 쉽게 노출될 수 있어요. 온라인상에 노출된 정보는 지워지지 않아요. 그래서 '잊혀질 권리'라는 말도 있지요.

컴퓨터 – 인터넷

시장, 은행, 학원, 방송, 음식점, 게임방 등 마을의 모든 것을 인터넷으로 접하게 됐어요.

● **좋은 점은?**

직접 움직이지 않아 편리하지요.

● **조심해요!**

❶ 댓글로 소통할 때는 언어 예절을 지켜요.

❷ 인터넷에 올라와 있는 사진이나 자료에도 저작권이 있어요. 수행 평가나 학교 숙제에 복사해서 써도 되는지 저작권 표시를 확인하고 출처를 밝혀야 해요.

❸ 전화번호, 주소, 신용 카드 정보 같은 중요한 개인 정보가 노출되지 않게 조심해요.

❹ 인터넷 주소나 출처가 믿을 만한 곳인지 확인해요.

 ## 텔레비전

텔레비전에는 뉴스는 물론, 드라마와 만화, 영화, 예능 프로그램 등이 나와요. 방송 프로그램 제작 비용은 '광고'로 생겨요. 광고는 물건을 많이 팔기 위해 만들지요.

● 좋은 점은? ●

여러 채널에서 다양한 콘텐츠를 볼 수 있어요.

● 조심해요! ●

① 프로그램이나 광고를 만든 사람들의 의도가 있다는 걸 잊지 마세요.

② 어린이 방송, 15세 이상, 19세 이상이라는 시청자 기준을 확인해요.

③ 그대로 따라하면 위험한 행동도 있어요.

 ## 신문

신문은 텔레비전이나 인터넷으로 뉴스를 접하기 이전에는 가장 중요한 언론 매체였어요.

● 좋은 점은? ●

신문이나 방송 같은 '언론'은 정부, 국회, 검찰 등 나라에서 일어나는 일들을 국민에게 전달하고 국민의 여론을 담아서 정치를 견제하는 중요한 역할을 해요.

● 조심해요! ●

① 신문의 기사에는 사실만이 쓰이지 않아요. 신문사와 기자, 글쓴이의 생각이 들어가 있어요. 그래서 신문마다 입장이 다르지요.

② 신문에서 접한 어려운 말은 사전을 찾거나 부모님께 물어보아요.

따끈따끈한 1인 방송! 내가 만들어 볼까?

제과점과 방송국의 공통점이 무엇일까요? 많은 이들이 보고 느낄 무언가를 만든다는 것이지요. 어떻게 만들까요? 아래 표를 보고 나만의 1인 방송을 구상해 보세요.

만드는 과정 ▶▶▶

① 왜 만들지 생각해요.

② 대상을 정해요.

③ 내용을 정해요.

④ 준비할 것들을 챙겨요.

⑤ 만들어요.

⑥ 전달해요.

⑦ 모니터링해요.

달콤 베이커리

① 만드는 까닭
유미 생일 축하 케이크 주문이 들어왔어요.

② 먹을 사람
유미 친구들 10명

③ 메뉴
생크림 딸기 케이크

④ 재료와 도구
- 재료: 생크림, 딸기, 밀가루, 계란, 설탕, 우유 등
- 도구: 오븐, 그릇 등

⑤ 만드는 과정
반죽해서 오븐에 넣고 구워요.

⑥ 포장 및 판매
접시에 예쁘게 담아요. 베이커리 손님에게 팔아요.

⑦ 손님 반응 파악하기
맛있게 먹는 손님들의 얘기를 들어 보아요.

어린이 방송국

① 만드는 까닭
학교 갔다 온 친구들을 재미있게 해 주고 싶어요.

② 볼 사람
초등학생 친구들과 유치원 다니는 동생들

③ 프로그램
종이접기 놀이

④ 취재와 도구
- 취재: 종이접기 놀이 방법
- 도구: 카메라나 스마트폰, 녹음기, 조명, 컴퓨터 프로그램 등

⑤ 촬영하기, 편집하기
- 스마트폰이나 카메라로 찍어요.
- 컴퓨터의 동영상 편집 프로그램으로 편집해요.

⑥ 프로그램 올리기
유튜브 같은 동영상 공유 채널에 업로드해요. 시청자에게 보여 주어요.

⑦ 시청자 반응 파악하기
본 사람들의 반응을 듣거나 댓글을 읽어 보아요.

가짜 뉴스 구별 방법!

가짜 뉴스를 만들 때, 대부분 진짜 뉴스에다 살짝 가짜 뉴스를 섞어 놓는다고 해요. 숨어 있는 가짜 뉴스를 찾아낼 수 있는 바른 생각이나 질문을 찾아 보세요.

"유미가 전달해 준 뉴스는 사실이겠지." 🟥

"머리기사만 보면 다 알 수 있어." 🟥

"대함신문? 뉴스의 출처가 이상한데?" 🟦

"…거짓으로 판명됐다고? 정말일까?" 🟦

"기자 이름이 뭐지? 어디 기자야?" 🟦

"복사해서 학교 숙제로 내야지!" 🟥

"친구들에게 전달해야지!" 🟥

"정말? 자료 출처가 어디지?" 🟦

스콜라 꼬마지식인 29
봉준TV, 가짜 뉴스를 조심해!

초판 1쇄 발행 2021년 1월 21일   초판 7쇄 발행 2024년 3월 6일

글 윤선아 그림 국민지
펴낸이 이승현

출판3 본부장 최순영
교양 학습 팀장 김솔미
키즈 디자인 팀장 이수현 디자인 오세라

펴낸곳 ㈜위즈덤하우스 출판등록 2000년 5월 23일 제13-1071호
제조국 대한민국 주소 서울특별시 마포구 양화로 19 합정오피스빌딩 17층
전화 02)2179-5600
홈페이지 www.wisdomhouse.co.kr 전자우편 kids@wisdomhouse.co.kr

ⓒ 윤선아·국민지, 2021
ISBN 978-89-6247-239-4 74080

* 이 책의 전부 또는 일부 내용을 재사용하려면 반드시 사전에 저작권자와
  ㈜위즈덤하우스의 동의를 받아야 합니다.
* 인쇄·제작 및 유통상의 파본 도서는 구입하신 서점에서 바꿔드립니다.
* 이 책의 사용 연령은 8~13세입니다.
* 책값은 뒤표지에 있습니다.

가짜 뉴스 구별법

❶ 뉴스 출처 파악하기!
❷ 작성자 확인하기!
❸ 글을 끝까지 읽기!
❹ 근거 자료 확인하기!
❺ 글을 쓴 날짜 확인하기!
❻ 선입견에서 벗어나기!
❼ 전문가에게 물어보기!